Sí, puedo
por Kasey Cooper
ilustrado por Shari Warren
Destreza clave Argumento
Scott Foresman
is an imprint of
PEARSON

Voy a correr con mamá
a la colina.
Será fácil.

Voy a nadar con mamá.
Ella infla el salvavidas.
No sé si puedo nadar a la roca.

Sí, puedo.
Mamá me felicita.
Ella me aplaude feliz.

4

Felipe es un caballo fiel.
No sé si puedo subirme
a Felipe.

Sí, puedo.
Mamá trota a mi lado.
Mamá me felicita.

Me voy a deslizar en el trineo.
Mamá no sabe si puede frenar
el trineo.

Sí, mamá frena el trineo.
Yo felicito a mamá.
Yo la aplaudo.